自治体人事政策の改革

森　啓

地方自治土曜講座ブックレットNo．８０

はじめに

今日は快晴で気分がいいですね。この土曜講座は初夏のころに始まり初秋に終わります。土曜講座は初夏の風物詩になっていると新聞は書いています。

私の今日のタイトルは「自治体人事政策の改革」です。

昨年のタイトルは「町村合併は住民自治の区域の変更である」でした。

合併は行政区域を広げることではなくて住民自治の区域を変える問題なのだ。交付税を削減されるので仕方がないと考えないで、地域を将来に向かって住み心地のいい、素晴らしい町にしていくための自治の区域の問題であるので前回のテーマにしました。合併に反対していればすむという問題ではない。合併しようがしまいが中央も地方も財政崩壊です。合併すれば困難を避けられるわけではない。特例債は借金です。徹底的な行政と財政の改革が不可欠です。経費の節減は避けられません。これまで必要があってやっていた事業も止めなくてはならない。新しい課題に取り組むためには経費を節減せざるを得ない。だが、内部からの削減計画は無難に大過なくの決済を経ながらやるのですから限界があります。行政自体の根底的な改革が必要です。

行政の内部にいる人達は、長らく親方日の丸でやってきました。その考え方を変えないで、財政赤字に迫られたから財政の見直しをやるといっても限界があります。行政自体のあり方を見直さなくてはならない。仕事の仕方、ものの考え方を抜本的に改めなくてはならない。合併問題もそこから考えなくては現状を打開できません。公務員制度の改革が緊急に必要だと考えたのでこのテーマにしたわけです。

Ⅰ　公務員制度の改革

1　人事政策の根底的改革

行革審が公務員制度の改革を提案して大綱が閣議で決定されました。公務員制度の改革は人事政策の問題です。人事とは、職員を採用し、職務に配置し、異動し、能力を引き上げ、昇任・昇格をさせ、退職させることです。そういう、採用制度、異動制度、研修制度、昇格昇任制度、退職制度を変更し、創設し運営するのが人事政策です。

親方日の丸

最初に「公務員は働いても働かなくても処遇に大きな差がないじゃないか」という批判を考えます。公務員は職場に出て仕事をしているふりをしていれば済む。上司に嫌われないようにしていればよいという批判です。そのため行政と向かい合っている市民団体や、行政の許認可を必要とする業界の方、あるいは地域の住民の方々には行政はぬるま湯だ、どっちを向いて仕事をしているのだという批判と不満が堆積しています。ところが行政職員は「俺たちだって一生懸命やっているのに公務員の悪口をいうのはとんでもない」と言います。

「親方日の丸」、つまり倒産がないから不効率で非能率になるのだとの批判もあります。民間は倒産やリストラがあるのに公務員には倒産がない。「役場はいいねえ」と言われている。あるいは、「そんなに退職金が出るのですか、家のお父さんは退職の時に会社が左前になったから、退職金なんか出なかった。公務員はいいねえ」と言われます。

財政赤字で年金の開始年限は６５歳からになる。定年は６０歳だから5年の空白がある。そこで元自治省から、「年金が出ないのに辞めてくれと言うためにその5年間については再雇用を考えなさい」とお達しがきた。

私は先日、北海道の町村役場の年金担当の課長会議で、「新しい再雇用制度」を含めた話を頼まれました。役場の課長さんに申し上げました。町民から役場はいいねえ、仕事をしていないとは言わないけれど仕事をしているように見えない時もあるのに、65歳まで年金が出ないから再雇用してもらえる。「お手盛りじゃないの」という批判が出ないようにしなければならないのではないですかと話したのです。

公務員にはコスト意識がない。財政改革と言っても上の空だ。自分の金でないから大きな部屋で全部電気を点けて一人で残業をしている、というような批判もあります。

頭ごなしに批判をしてはいけないけれども、多くの議員は、言い方が悪ければ一部の議員はと言い換えてもいいけれども、「当選してしまえばこっちのものだ」という議員がいる。しかし議員には四年に一回のセンキョがある。公務員は採用試験に合格してしまえば、もうこっちのものだ。定年まで仕事をしているふりをしていればよいという問題があるわけです。公務員の終身雇用制度を考え直す時期にきているのではないか、これが基本問題です。

地域間格差増大の時代

地方分権は世界の工業文明国に共通の流れです。私の兄は十木建設会社で定年になったのですが、世界に140万の土建会社があって80万社は日本だというんですね。世界の工業国のなかで日本はダントツに公共事業の多い国です。戦後50年間、景気回復を公共事業でやってきました。しかしながら、地方分権が世界的潮流になっているのは、公共的な手法で解決しなければならない問題が変わったからです。例えば、ダイオキシンや少子高齢化の問題、お年寄りの介護問題のような前例のない問題が科学技術文明のマイナス面として出てきているからですね。神経を病んでいらっしゃる方、ストレスがたまって時々爆発する人もいます。そういう前例のない公共課題が噴出しているから地方分権の流れが出てきたのです。

それらの前例のない課題は、全国画一の法律や政策では解決できない。地域で解決手法を考えなければ解決できない。だから地方分権なんですね。全国画一的な手法では解決できないのです。そして、従来のように役所が政策を考える主体で住民は客体である。行政がサービスを提供する。住民は行政が提供するサービスを受け取るという行政手法ではこれらの公共課題は解決できない。

予算をどのように使うかを役所が全部決めて、住民は受け身、サービスの受け手であった。これを統治行政というんですね。統治行政では前例のない公共課題は解決できない。自治行政に切り換えなくてはならない。

「パートナーシップ」とか「協働の時代」とか言葉ではかんたんに切り換えられる。けれども、行政主導のやり方で長らくやってきているからかんたんには変れない。問題はそこにある。地方分権になると政策能力の有る無しで地域にちがいが出てくる。役場の政策水準によって差が出てくるから政策能力を高める研修が必要だと言います。しかし、その政策能力はいかにして身につくのかは考えないで従来のやり方の研修をやっている。

地域間格差増大の時代であると首長も管理職も言います。自治体の政策水準の主要な部分は行政職員の水準なんですね。つまり法律を執行するだけの行政職員から公共課題を自ら設定して解決打開する方策を考える職員であるかどうかです。それが地方公務員から自治体職員への自己革新ですね。それを印象深く言うために、「地方公務員と自治体職員の違いは、首の後ろのところをぽんと叩くと、チホーコームインと音が出るか出ないかです」と言ってきたわけです。つまり、受け身的な地方公務員から町の問題を真剣に考える自治体職員にならなくてはならない。統治行政の人事政策を改革しなければなりません。

人事政策改革の第一は採用制度の改革です。「地元の子弟をどうして町長は採用しないんだ、公募なんかするから、よその町の子が役場にはいっているではないか」と発言する議員がかつてはいました。

過日、ある地域の土曜講座に行った時、「私が町長になってから大学卒を採用するようにしたんですよ」と言ったから、「ああそうですか」とうなずいていましたら、「以前は高卒だけだったんです」とおっしゃるから「どうしてですか」と訊ねたら黙ってるんですね。「教えてくださいよ」と言ったら、大卒を公募すると隣の町や本州の人が応募してきて、試験をやると点数が高くなって地元の子を採用できない。高卒に限っておけばよその町からくるのは少いから、ということだそうです。

しかしこれは、情実や縁故で役場職員を採用するのと同じで、町の未来を売り渡しているのですね。人事政策の改革には採用制度の改革が第一番目の問題です。

二番目はどこに「配置」するかの人事異動です。三番目は能力を高める研修です。その次が昇格昇進です。

2　公務員の問題状況

人事政策を改革するには、公務員にはどのような問題があるかを確認する必要があります。公務員の問題状況を眺めてみます。

「無難に大過なく」

「万が一の失敗を恐れる」

「厳しさがない」

「民間に比べて能率が悪い」

「効率も質も悪い」

「職務権限を私物化する」

そして「汚職もある」。

職務権限の私物化は国家公務員に多いですね、特別に腐敗堕落しているのが上級職採用の国家公務員です。

これらの公務員問題はどこから生じるのか。多くは上司との関係から生じています。上司に従順であることが問題の発生原因です。ですから解決の決め手は上司との関係を改革することです。公務員は終身雇用です。同じ時期に入った友人が係長になった、俺はまだだ、彼は課長になった、俺はまだだ、すごく寂しくつらいものです。でありますから人事がすべてになり上司との関係で公務員問題が発生します。

上司に仕えるという言葉があります。まだ死語ではない。自分を抑制して上司の意向に迎合する。終身雇用だから人事昇進が最優先の価値になってしまうのです。たとえば人事異動の辞令交付があったあと、その紙を持って挨拶廻りでぞろぞろ廊下を歩いています。その日は上司に逆らいませんという誓いの日のように見えます。人事異動の日のために女房子供にはとても見せられない気配りをして公務員は日々を過ごしているのです。

それでは、上司である管埋職はどうかというと年齢が高くなっています。一般的には年功社会ですから管理職は高年齢です。係長は４０過ぎですね、県は５０後半になってから課長です。平均寿命の伸びた現代は５０は若いはずなんだけど、タライの中に鯉を入れたらタライの大きさで鯉は育つというように、６０歳定年の世界でいると、見てくれもしなびて体力も衰え記憶も衰えます。もちろん例外はありますが感覚も鈍る。何よりも保身になる。退職したあとどうするかを考える。

札幌市や北海道庁のような大きなところでは外郭団体があります。そこへ行けるか行けないかが最大の関心になってしまう。そうすると何ごとも無難にとなる。管理職というのは自分が特別な才能があって現在の地位にいると思っている人はほとんどいない。自分を抑制して上司に仕えたからだ。そして勤勉にやってきたからこの地位にいると内心思っている。できればさらに上へ行きたい。上へ行っておけばいい外郭団体へ行ける。そうなるわけです。

ですから、管理職はどうしても無難になり保身になる。現状維持的安定を求めます。それを若い職員は眺めているのです。この世界は上司に従順であることが、「従順」という言葉が嫌なら「逆らわないでいる」ことで昇進できる。こうなる。これは平均の話しですよ。ほとんどの公務員はそうなるのであります。

このように話しますと次のような批判があると思うんですね。「悪い面ばかり見過ぎている」「行政職員はあんたがいうように悪くないよ。勤勉で、仕事に忠実で、仕事に関係する情報は積極的にキャッチしてやっているよ。管理職もそんな人もいないわけじゃないけど大勢の中から選ばれたから、管理職は職員の気持ちを束ねリーダーシップを持っている人が多い」「あなたの言っているのは一面であって、そういう人ばかりじゃない。悪い面の見過ぎです」という批判も考えられます。

そこで私は次のように答えます。「その通りでしょう。確かに怠けようとかズルをやろうという公務員は大勢の中では数は少ない。一般的に言って行政職員は勤勉で職場の秩序や規範には極めて従順である」。しかしながら、それではどうしてこれほど行政に対する不信感や批判が広がっているのか。行政に対する手厳しい批判があるのはどうしてなのか。それが公務員問題なんですね。

3　行政劣化の構造

なぜ、行政は劣化するのか。行政劣化の構造について私の意見を述べます。

土曜講座は講師の話が正しいというのではない。皆さんご自身の考え方を確かなものにするためのものです。これは駄目でこれは納得と自分の考え方をより確かなものにする。それが、土曜講座の意味です。そして隣の人と話し合いができていつの間にか知り合いになる。これが土曜講座の効果です。そういう効果を導き出すために話をしているとも言えるのですね。

公務員倫理の崩壊

行政がなぜ劣化するかについて話します。事例で考えてみます。

Aさんという職員がある時自分の担当している仕事に関連して新しい問題が起きた。この問題は取り上げてやっていくべきではないかと思った。地域からも要望が出ている。そこで、課長に承認をとろうとしたら課長は察して、「そういう問題はいろいろ言われているけれども、行政というのはそう簡単にいかないものであって、分かるだろ君」と言う。課長は自分が考えていることについて賛成しないなと分かったとします。これを忖度するというんですね、皆まで言わせず察知するのです。これが行政職員出世の秘訣です。つまり、皆まで言わせず忖度するのです。上司の考えを察知して矛を上手に納める。公務員は次第にそうなるのですね。

次に同じAさんが別の問題でこれは行政がやるべきだと思って言ったとする。課長は「君そうはいったってこういう事情もあってできない、仕事も増えているんだから、行政課題が増えているんだから」、などいろいろ言って賛成が得られない。会場の皆さんならどうしますか。意見具申はするでしょうね、良心的で能動的な職員ですから。しかしながら行政機構は上司の命令に従う仕組みにしてありますから、引き下がるでしょうね。さらに別の問題でAさんが今度は強くこの問題は自分が考えているやり方で解決しなければ将来に禍根を残す。役所としてはやるべきだと思い意を決して言ったとします。「よし、万が一の時には責任を取ってやるからやってみろ」という管理職は少いですね。「そうは言ったって」となります。「課長と違う意見になった」。

その時、行政職員は悩むんじゃないですか。この仕事はやるべきなのに。誠実で勤勉な行政職員であればあるほど、「課長はああいうけどやるべきだ」と思います。課長補佐が横から助太刀の意見を言ってくれないのかとも思うでしょうね。しかし補佐は言いません。悩むのは良い職員です。その悩んでいる場面はどういうことかというと、それはその職員の職業倫理観が問われている場面です。「やるべきなのだ」。しかし「上司の意向には逆らえない」という場面です。行政職員として本来こうすべきだと思う、やらなければいけないと思う。ところが決定権限を持っている課長が賛成しない。さて、大抵の公務員は結局は自分の考えを抑えるでしょう。自分を抑えるでしょうね。「だって方法がないもんね」。「課長が駄目というんだから」と。会場の皆さんはどうですか、そういうご経験の多い人が土曜講座に来ていると思うのですね。

それは公務員の職業倫理が問われている場面です。そして、宮仕えであるとか、課長が交替するまで待とうとか言って今後の昇進のこともちらつきますから諦める、自分の意見を下げる。その瞬間はその職員の公務員倫理が崩壊している場面です。そしてそのような場面が少からずあるのが行政内部の実態です。そのようにして、採用された時には、情熱がありまなこが輝いていた公務員も3、4年経つと目の色がドロンとしてですね、首の後ろを叩けば音が出る方向に向かい始める。そして屍累々のミイラになっていく。行政が劣化するのはそういう場面が続くからです。

上司が聡明という「擬制」

原因は何か、公務員の職場は上司が聡明で賢明で公正な判断をすると擬制しているからです。擬制の上に公務員職場の秩序がつくられている。つまり現状維持的安定期に入っている管理職を聡明で公正であるとしてその上司の命に従えという職場秩序を作っている。これが最大の問題です。これを改めることが公務員問題の解決です。

今日申し上げようとしているのは、上司が賢明であるからそれに従えという、実際はそうでないのにそういう仕組みにしている公務員秩序をどう改革するか、ここに改革のメスを入れなければ、公務員制度の改革にはならないではないかということです。公務員社会は市民社会から隔絶していますか。会場にもいらっしゃると思いますが、民間経歴がある人が役所に入るとカルチャーショックを受けるでしょう。何でこんなことがすぐ決まらないんだろうとお感じになったでしょう。

行政劣化の構造は上司が公正で優秀であるという、現実にはほど遠いのに、もちろんそうでない立派な管理職もいますが、そういう擬制が人事政策の根本にあることです。これをどう改革するかが公務員制度改革の根本です。

Ⅱ　改革の基本視座

1　公務員制度の正体

公務員制度とはどういうものかを考えてみます。公務員というのは身分です。事務吏員、技術吏員です。吏員という身分制度です。以前は高卒は雇員と言ったのです。高卒と大卒で差別するるのはおかしいと自治労が反対したのです。あの頃は組合も純粋性がありました。今ほど堕落腐敗はしておりませんでしたから差別をやめろと反対した。自治労が吏雇員制度撤廃の運動をやった。それで雇員という差別が消えて今は吏員一本になりました。吏員は身分で主事は職名です。雇員は主事補でした。

身分と終身雇用

公務員制度は公務員という身分を付与して、生涯雇用を保障する。つまり期限の定めなき任用です。雇用契約なのにいつまでかを定めない。60歳定年になったので60歳までは、明らかなる不正行為、汚職ですね、あるいは信用失墜行為がなければ、仕事をしようがしまいが、怠けようが勤勉であろうが、60歳まで雇用を保障する終身雇用制度です。しかも、本人の意志に反しては課長に上がったら係長に降格されない。係長になったら平には戻さないというのが公務員制度です。

つまり、公務員という身分を付与して終身雇用を保障する。定年までは、仕事しなくても構わないとは言いませんが、保障する。だから辞めさせられない。学校の教師に限らずだけれど精神状態がおかしくなっても辞めさせられない。労働組合も庇います。つまり、公務員制度は二つの特権を与えその代わりに「上司の命に服従する義務」、「職務に専念する義務」「守秘義務」の三つの義務を課します。

職務上知り得た情報は、その内容が市民自治にとって必要であろうがなかろうが、上司の許可がなければ駄目だということです。「守秘義務」と「上司の命に服従する義務」と「職務専念義務」の三つの義務を法律で課してある。

これは、統治支配する側に公務員を組み込む制度なんですね。住民の側に入ってはならない。こちらの側に並んでむこうを向けという、統治の側に職員を組み込む制度です。明治憲法の時に天皇主権という絶対の論理で官吏公吏制度をつくった。臣民を統治する制度です。憲法変われど行政のシステムは変わらずと言われるように、戦後も戦前型の吏員制度の考え方が存続しているわけです。官吏制度と吏僚制度の考え方が脈々と続いています。戦前の感覚でやっているわけですから。

それが現在の人事管理の制度と運用につながっているのです。国家統治権の執行体制を確保する制度が公務員制度です。でありますから雇用とは言わないで任用と言う。給料と言わないで給与という用語を使うのです。

抵抗勢力は「人事課」

公務員制度は、行政内部に改革委員会を設けても改革はできません。警察刷新会議も警察だけでは駄目です。すべて改革は内部に抵抗勢力がいます。すべて改革を阻止するのは内部です。公務員制度改革の抵抗勢力は人事課です。会場に人事課の人がいるかもしれませんが、人事課なんですね。人事課というのは自称進歩改革派です。人事課ほど時代の変化に敏感に対応して制度改革に力を入れてきたところはないのだと思っています。人事課が行政刷新の最先端であると言います。そして人事課は、各課に改革を指示するのだが、現場が保守的で頑迷固陋で改革をしないと言います。

しかしながら統治支配の吏僚制度の仕組みを守り変えないのが人事課です。例をあげると、実際にあった話であまり生々しいから、一般論で言います。ある自治体で首長がこの職場は新しい仕事であるから従来型の公務員には無理だ。民間から経験のある人を課長として採用したいので、人事課で考えてくれないかと指示した。人事課は検討したけれど、地方公務員制度が予定をしていないような制度を作っていいのかとなって、あの問題はやはり難しいですと首長に返答した。

結局はその自治体では民間採用の課長は実現しなかった。

人事課の言い分は、課長に任用するには課長補佐を何年という等級格付基準を定めてある。課長補佐を何年という基準に合わない民間人をすぐに課長にするわけにはまいらない。人事制度をゆるがすことになりますから駄目ですと首長に返答した。つまり人事課が人事制度改革の抵抗勢力なんですね。連綿として公務員制度の仕組みを受け継ぎ守っているのだとの自負心です。人事課の悪口ではありませんが人事課の中に現在の公務員制度を支える思考があるのは紛うかたなき事実だと私は見ております。

2　終身雇用制度

公務員制度の柱は身分制度と終身雇用制度です。「期限の定めなき任用」です。我々はよく発想の転換と言います。しかしながら私たちは自分が属している世界を中心に考えますから、違った観点に立つのは自分自身を否定することになりかねない。自分が所属する社会を否定的に見るのはなかなか難しい。フランシスコ・ベーコンは「偶像のイドラ」と言ったですね。

しかしながら、考えてみてください。新規学卒の若者が公務員試験を受けて合格すると６０歳まで保障されるというのは合理的でしょうか。西も東も分からない未熟な若者です。多くはバイトと携帯電話の人間が俄か仕立ての勉強をして公務員試験が受かったら、それで生涯ずっと公務員をやられたんじゃあ、住民はたまったもんじゃない。西も東も分からない若者ですからあっと言う間に公務員に染まってしまいます。「役場といたしましては法律を元にして仕事をやっておりまして」、「法治主義でございますから」、「そうおっしゃいましても制度がこうなっておりますので」、になるわけです。「身分特権」と「終身雇用」は今では「ぬるま湯」と「役人天国」と「権限の私物化」の温床です。

これまでは、「終身雇用」と「公務員身分」を保障するのは、いかなる政治勢力からも中立で、全力を公務に傾注するためだと説明していました。そしてそれが公務員倫理であると説明していた。だが今はタガが外れてしまいました。キャリア採用を先頭に権限を私物化し、公金を私している役人天国です。外からの統制が効かないわけです。制度的には選挙で選ばれた議会が行政をチェックするというけれども、議員もまた利権がらみで政財官がゆ着している。

北海道の町村議会のように変化が始まっているところもあるのですが、一般的には議会は行政職員の統制はできない。議会自体が利権とたかりのイメージになっている。公務員に対するチェックは効かないですね。終身雇用制度は中立で職務に専念するための保障だと説明してきたけれども、今は「ぬるま湯」と「役人天国」と「権限の私物化」と「腐敗の温床」になっているのではないでしょうか。終身雇用制度は考え直すべき時期に来ていると思います。

3　職業倫理観

次は「職業倫理観」です。上司に従順は悪くはありません。一概に否定はしません。しかしながら、上司に服従する義務は統治行政をやるためのものです。行政が決めたことは住民に従ってもらう。そうするために、まず職員は上司の命に従う。対等に話し合って決めましょうでは統治行政にならない。私が責任を取るから自由に話し合ってみなさいという管理職も出てきておりますが少いでしょう。統治行政のために行政内部を統治型の秩序にしてあるのです。統治型にするための人事制度です。

つまり、上司の命に服従する統治型の職場秩序を保つために、管理職に人事評価をやらせて、上司が人事権を持っているから従わざるを得ないというシクミにしてあるのです。でありますから、公務員制度を改革するにはこのシクミの改革が不可欠です。

Ⅲ　人事制度改革の目標

1　職務権限の私物化

「国家公務員制度改革の基本設計」

行政改革推進本部から「国家公務員制度改革の基本設計」というのが出ました。それを眺めてみます。こう書いてあります。「公務員の職場は、ぬるま湯で仕事をするものとしないものとに処遇の差がない。公務員の停滞状況を招いているのは平等主義の人事政策に原因がある。競争主義の原理を取り入れるべきである」。

会場の皆さんのなかには、その通りだと思う人も多いでしょうね。次のように提案しています。第一は能力等級制度にしよう。能力のある人間が能力のない人間と同じ給料表であるのが問題だ。仕事をやってもやらなくても同じがよろしくない。能力あるものは昇給額のキザミの高い別の給料表を使う。能力のない人間の給料表は横ばいでよい。つまり能力によって給料に大きな差がつく制度を作ろう。「能力等級制度」です。

第二は、差をつけるために評価制度を強化する。やる人間とやらない人間をふり分ける。「選抜任用制度」です。評価には批判があるから複数評価をとり入れる。さらに、評価をする管理職に研修を受けさせて評価能力を高める。評価をして処遇に差をつけるという提案です。現在の公務員のぬるま湯にご不満の方は賛成となるでしょうね。だけどよく考えてみて下さい。自分はそれに賛成だけど批判はないのだろうかと。どこかの大統領みたいにアフガニスタンは爆撃していいんだ。この際在庫一掃しないと軍事産業も発展しないから、アフガニスタンの岩山にどんどん落としていいんだという意見に賛成だという人もいれば、それはちょっとおかしいんじゃないかと言う人もいるわけです。

それに対して昨日（二〇〇一年十月十九日）の新聞の論説にイランの副大統領が「少しオカシイのではないか」と書いていました。つまり、いろいろな意見を聞いて、そのうえで、俺はこっちだというふうにしないと、片方の意見ばかり聞いてそうだそうだと言ってたら誤ります。市町村合併の問題も同じです。公務員制度の改革についてもそうだそれがいいと簡単に雷同しないで、いいようにも思うけれど、問題はないのかなと考えてみて下さい。

職業倫理観をもつ行政職員

私は大いに「問題がある」と思います。それをこれから言います。現在、キャリアとノンキャリアの制度がある。キャリアからはノンキャリアは塵芥です。外務省のノンキャリアは後方準備の役どころでホテルやタクシーを準備する。そしてバックマージンとかになっている。そういうふうに屈折している。

能力があると認定されたキャリアは限りなく次官の道への競争主義になっていく。そして外郭団体に天下って外郭を幾つも歩く。これが現実ではないですか。彼等ははっきり言っているんですね。俺たちは国会答弁など下らないことを書いているけれど、「セカンドライフ」、つまり次の人生があるからやっているんだと言っているんです。キャリア組はそう言っています。外郭団体を小泉なんかに潰されてたまるか。先輩が作ってきた特殊法人を潰してなるものか、そんな改革案はそのうちに流産だと言っているわけです。能力ある人間と能力のない人間をふり分けるのは、言葉の上ではいいように思える。けれども、実態を見すえて、管理職による評価とは何かを考えなくてはならない。選別された能力ある人間はさらに上昇志向となって権力的になって、どっちを向いて仕事をしているんだになっていく。国民不在ではないですか。

それから、能力なしとされた方は屈折して不善をなすじゃありませんか。双方ともに職務権限の私物化です。上も権限の私物化、下も権限の私物化です。人間は人参を目の前にぶら下げられて人事だ昇進だ、それ行けそれ行けでは、自分の職業に対する誇りは持てません。たとえ不利なことがあってもこの職業についている以上は社会に大変な影響を持つのだから、との自己規律の心が消えてしまいます。この職業についている以上は、昇進がたとえ一歩遅れてもという職業倫理観は消えていくのではないですか。

現在、公務員制度の改革に求められているのは職業倫理観のある行政職員が誕生するシクミです。そういう制度改革でなければなりません。それを「能力ある者と能力のない者に処遇の差がないのは問題だ」「そうだそうだ」と尻馬に乗って、賛成をいうのは問題ではないのかと考えてみてもらいたい。

ここのところはもうちょっと詳しく言わなければいけないのですが、ここでは、特権意識や権限の私物化を止めさせる制度改革が必要なのですと言っておいて、ではどうしたらいいのか。こうしたらいいのではないかと申し上げます。

2　価値意識の変革

信頼喪失の原因

そこで「能力評価」の問題について話します。能力があるかないかを誰が決めるのか。「それは管理職に決まっているじゃないか」と言われるならば、今の管理職は信用できますかと申し上げたい。すると、「そんなこと言っては始まらないじゃないか」、「であるから複数評価にするんだ」

「書いてあるではないか」と言うでしょう。だがしかし、書いている人に心が籠ってないですね。事態改革への志しも展望もありません。

公務員制度の改革でメスを入れなければいけない最大の問題は、現在のキャリアを中心にした行政機構に国民の信頼が失われていることです。この信頼喪失は何が原因であるのかを考えてそれを解決することが公務員制度改革の第一でなければならない。ところがそれは一言も書いてありません。書いてあるのは人事院という第三者機関が採用をやっているから駄目なんだ。省庁が直接採用できるようにして、各省の官僚のトップが自分の手兵を作り軍団を作っていけるようにしようというものです。それは悪口が過ぎると言われるかもしれない。だが、悪口ではありません。

今のままで能力評価を強化するのは国民不在の官僚の上昇志向を助長することになります。

お手もとに配布しました資料が自治体の勤務評定書です。こういう項目で評価をするのです。例えば職務に対する積極性は④のようなことを目安にして部下を評価しなさいと書いてあるのです。「仕事の正確性」、「報告をちゃんとするか」、「職務に積極的か」、「責任感」、「規律性」などが並べてあります。どれも大切なことには違いありません。けれども理念的な抽象文言です。ですから、評価は上司の主観的判断になるわけです。

別表１の２

＜部外秘＞

評　定　票（一般職員用）［２］

課	係	№		被評定者氏名		評定者氏名	㊞

評定要素	評価のポイント	観察結果 X	観察結果 Y	観察結果 Z	判定 A～E	評価点 1次	評価点 2次
① 仕事の迅速性	(1) 定型的な事務や作業の処理 (2) 緊急に発生した事務や作業の処理 (3) ある程度の知識や経験、技能等を必要とする事務や作業の処理 (4) 極めて困難な内容の事務や作業の処理	常に期限までに完了した 常に期限までに完了した 常に期限までに完了した 期限までに完了した	大抵は期限までに完了した 大抵は期限までに完了した 大抵は期限までに完了した ほぼ期限どおり完了した	遅れ気味のことが多かった 遅れ気味のことが多かった 遅れ気味のことが多かった 期限よりかなり遅れた			
② 仕事の正確性	(1) 定型的な事務や作業の処理 (2) 緊急に発生した事務や作業の処理 (3) ある程度の知識や経験、技能等を必要とする事務や作業の処理 (4) 極めて困難な内容の事務や作業の処理	極めて正確にできた 極めて正確にできた 極めて正確にできた 極めて正確にできた	おおむね正確にできた おおむね正確にできた おおむね正確にできた おおむね正確にできた	不正確なことが多かった 不正確なことが多かった 不正確なことが多かった 不正確であった			
③ 上司や同僚 他部署への 報告連絡	(1) 上司や同僚、他の部署への必要な報告や連絡 (2) 報告や連絡の時期 (3) 報告や連絡の内容の正確な伝達 (4) 口頭ですべきか文書ですべきか等の選択	必ずした 常に適時であった 常に極めてよくできた 常に適切であった	大抵はした ほぼ適時であった おおむねできた おおむね適切であった	しないことが多かった いつも遅れ気味であった あまりできなかった あまり適切でなかった			
④ 職務に対する 積極性	(1) 業務に関する制度や法令の改正、新しい技術や技能への対応 (2) 担当業務の処理手順や処理方法等の改善 (3) 上司から新に与えられた業務への対応 (4) 事務や作業の範囲の拡大	積極的に知ろうとした 熱心に努力した 積極的に熱心に取り組んだ 積極的に熱心に取り組んだ	ある程度知ろうとした ある程度努力した 嫌がらずに取り組んだ ある程度取り組んだ	ほとんど関心がなかった ほとんど努力しなかった 拒否的又は、消極的だった ほとんど取り組まなかった			
⑤ 職務に対する 責任感	(1) 定型的、日常的な業務又は、難易度が低い業務の遂行 (2) 非定型的、非日常的な業務又は、難易度が高い業務の遂行 (3) 業務に関する自己の責任についての自覚 (4) 自己に過失のある業務上の誤りを、上司等が指摘した場合の対応	常に真剣にやり遂げた 常に真剣にやり遂げた 非常に強い 非を素直に認め、すぐ訂正	やり遂げた やり遂げた 業務に支障がない程度ある 非を認め、比較的早く訂正	やり遂げないことがあった やり遂げないことがあった 弱い 責任転嫁又は、訂正が遅い			
⑥ 規律性	(1) 上司からの指示、命令への対応 (2) 勤務時間中に無断で職場を離れることの有無 (3) 遅刻や無届の早退、正当な理由がない休暇の届出の遅滞等の有無 (4) その他の服務規律や職場の決まり等の遵守	常に非常に良く守った ない ない 常に非常に良く守った	大抵は良く守った ほとんどない ほとんどない 大抵は良く守った	あまり守らなかった よくある よくある あまり守らなかった			
⑦ 町民や職員 に対する 応対態度	(1) 電話や窓口、現場での町民や職員等と応対した時の言葉づかい (2) 町民や職員へ説明、連絡等をする時の伝えようとする心構え (3) 町民や職員等から依頼されたことの処理、対応の公平性 (4) 応対のまずさのためにトラブルが発生したことの有無	だれに対しても極めて丁寧 極めて誠実、親切であった すべての人に対し常に公平 まったくない	大抵はだれにでもほぼ丁寧 おおむね誠実、親切だった 大抵はだれにでもほぼ公平 あまりない	時、相手によりぞんざい 誠実さや親切さに欠ける 相手により公平性を欠く 多い又は、大きなトラブル			
⑧ 職務に関する 知識技能	(1) 地方公務員として必要な最低限度の地公法や自治法等の知識 (2) 業務に不可欠な最低限度の基礎的、実務的知識や技能 (3) 業務に必要な業務上の専門的な知識や技能 (4) 業務のより効率的な処理に役立つ業務に関連した知識や技能	よく習得している 極めて普遍的に詳しく習得 極めて詳しく習得している 詳しく習得している	ある程度は習得している ある程度は普遍的に習得 ある程度は習得している 多少は習得している	あまり習得していない あまり習得していない ほとんど習得していない ほとんど習得していない			
⑨ 理解力	(1) 指示指令、法令や制度、技術や技能等の内容の理解 (2) 比較的容易又は、日常的、典型的な事例に対する理解とその処置 (3) 比較的難易又は、例外的な事例に対する理解とその処置 (4) 突発的に発生した事例の状況や内容の理解と臨機応変な処置	早く、正確 非常に早く、極めて正確 早く、正確 早く、正確	おおむね早く、ほぼ正確 おおむね早く、ほぼ正確 おおむね早く、ほぼ正確 おおむね早く、ほぼ正確	遅い、又は不正確 遅い、又は不正確 遅い、又は不正確 遅い、又は不正確			
⑩ 創意工夫	(1) 業務上の問題点や課題に対する認識 (2) 何を、又は、どこを解決すれば効果的かという着眼力の有無 (3) 業務上の問題点や課題を解決するための改善策の提案 (4) 提案された改善策の内容	よく認識していた 優れたものがある よく行った 優れていた	ある程度は認識していた ある程度有している 時々行った 陳腐なものであった	あまり認識できなかった 不足している あまり行わなかった 劣っていた			
評価点合計							

※　評定者は、次の欄には記入しないこと。

所見等	第１次調整者		㊞
	第２次調整者		㊞

（注意事項）
1．この評定票は、黒インクのペンかボールペンを使用して記入すること。また、訂正、修正した個所には訂正印を押すこと。
2．観察結果に基づく判定は、「昇給昇格評定評価基準」で定めた判定基準によること。
3．評価点の欄には、次の判定区分により各評価点を記入すること。　A…10、　B…8、　C…6、　D…4、　E…2

別表2の1　　　　　　　　　　　　　　　　　　　　　　　<部外秘>

評　　定　　票（係長職用）［1］

評定基準日	平成　　年　2月　1日	評定期間	平成　　年　2月　1日　から　平成　　年　1月31日まで

所属課及び職名	職員番号	被評定者氏名	性別	生年月日
課　　　　係(所)長			□男 □女	昭和　　年　　月　　日 (満　　歳　　月)

職務内容	(箇条書きで記入のこと)	賞罰	平成　　年　　月　　日 平成　　年　　月　　日 平成　　年　　月　　日
勤怠状況	休　　職　　日 病気休暇　　日 ※事故欠勤　　日 停　　職　　日 計　　日 事故欠勤がある者についてはその具体的な理由	健康状態	□いたって健康 □健　　康 □やや不健康 □不　健　康 やや不健康又は不健康な場合の内容

特記事項1	特に優れていると認められる技能（評定票2に関することを除く）	特記事項2	職務に関連した人柄、行動等（評定票2に関することを除く）

今後指導を要する点	

評定者	職名 氏名　　　　㊞	調整者	第1次調整者 職名　　　氏名　　　㊞	第2次調整者 職名　　　氏名　　　㊞

（注意事項）
1．この評定票は、黒インク又は黒のボールペンを使用して記入すること。
2．□のついた項目は、該当する□の中にレ印を記入すること。
3．訂正、修正した箇所には訂正印を押すこと。

別表3の2

<部外秘>

評　定　票（課長・課長補佐職用）［２］

課	係	No		被評定者氏名		評定者氏名	㊞

評定要素	評価のポイント	観察結果 X	Y	Z	判定 A〜E	評価点 1次	2次
① 課内の指揮統率	(1) 課の年間の業務内容及び業務量の把握 (2) 各課員の業務の進捗状況の把握 (3) 課員の業務が遅滞している場合や誤謬が発生した時等の指示 (4) 課員との意思の疎通	きちんと把握、予想した きちんと把握していた 常に適正、適切に行った 常に適切に行った	ある程度把握し、予想した ある程度把握していた おおむね適正、適切だった ある程度は行った	把握、予想できなかった 把握できなかった 時期、方法、内容が不適切 ほとんど行わなかった			
② 課内の服務管理	(1) 服務規則や首脳部からの指示、命令の遵守 (2) 服務管理上必要な状況における指示、命令の発令 (3) 勤務時間中における課員の服務状況の把握 (4) 指示、命令、服務規律等に従わない課員への対応	常に率先して良く守った 常に迅速、適切に行った 全員について正確に把握 団結を促し、よく従わせた	大部は率先して守った おおむね適切に早く行った 全員についてある程度把握 ある程度従わせた	ある程度は守った 行ったが遅かった、不適切 あまり把握していない 従わすことができなかった			
③ 上司や課内他部署への報告連絡	(1) 首脳部や課内、他の部署への必要な報告や連絡 (2) 報告や連絡の時期 (3) 報告や連絡の内容の正確な伝達 (4) 口頭ですべきか文書ですべきか等の選択	必ずした 常に適時であった 常によくできた 常に適切であった	大部分した ほぼ適時であった おおむねできた おおむね適切であった	しないことが多かった いつも遅れ気味であった あまりできなかった あまり適切でなかった			
④ 職務に対する積極性	(1) 課の業務に関する制度や法令の改正、新しい技術や技能への対応 (2) 課の業務の処理手順や処理方法等の改善 (3) 首脳部から新たに指示のあった事業への対応 (4) 課の新規事業への取り組みや既存事業の拡大・発展	積極的に知ろうとした 熱心に努力した 積極的に熱心に取り組んだ 積極的に熱心に取り組んだ	ある程度知ろうとした ある程度努力した 嫌がらずに取り組んだ ある程度取り組んだ	ほとんど関心がなかった ほとんど努力しなかった 拒否的又は、消極的だった ほとんど取り組まなかった			
⑤ 職務に対する責任感	(1) 課の指揮統率を行う管理職員としての責任の自覚 (2) 課、あるいは自己に課せられた相当困難な事業の遂行 (3) 部下の過失による業務上の誤りを、町民が指摘した場合の対応 (4) 自己の過失に帰す管理監督上の誤りを首脳が指摘した場合の対応	非常に強い 常に真剣にやり遂げた 非を素直に認め、すぐ処置 非を素直に認め、すぐ処置	業務に支障がない程度ある やり遂げた 非を認め、比較的早く処置 非を認め、比較的早く処置	弱い やり遂げないことがあった 責任転嫁、又は処置が遅い 非を認めない、処置が遅い			
⑥ 職務に関する管理知識	(1) 課の業務に関連した法律、制度等の知識や技術 (2) 議会や諸会議等での説明、報告に必要な業務、行政に関する知識 (3) 自治法や町の条例・規則等、その他行政組織の運営上必要な知識 (4) 労基法や地公法等の法律、その他労務管理上必要な知識	よく精通している よく精通している よく精通している よく精通している	精通している 精通している 精通している 精通している	部分的には通じている 部分的には通じている 部分的には通じている 部分的には通じている			
⑦ 決断力	(1) 法令や制度の改正・制定等の場合の判断と取るべき措置の決定 (2) 比較的容易又は、日常的、典型的な事例に対する状況判断と決定 (3) 比較的難易又は、例外的な事例に対する状況判断と決定 (4) 突発的に発生した事例に対する判断と臨機応変な処置の決定	早く、的確 非常に早く、極めて的確 早く、的確 早く、的確	おおむね早く、ほぼ的確 おおむね早く、ほぼ的確 おおむね早く、ほぼ的確 おおむね早く、ほぼ的確	遅い、又は不的確 遅い、又は不的確 遅い、又は不的確 遅い、又は不的確			
⑧ 折衝力	(1) 折衝、交渉の相手に対する内容や自己の意思の伝達 (2) 折衝、交渉時の言葉づかいや態度 (3) 折衝、交渉の時期、場所の選定や方法等 (4) 折衝、交渉による成果	どんな場合でも常に正確 どんな場合も丁寧 どんな場合でも適切 いつもかなりの成果がある	ある程度は正確にできる 大体の場合において丁寧 大体の場合において適切 大体はある程度の成果あり	場合によっては大体正確 丁寧でない場合がよくある 適切でない場合がよくある 大抵はあまり成果はない			
⑨ 課員に対する指導育成	(1) 課員の職務に対する性状、傾向、能力等の把握と理解 (2) 課員に対する業務処理に関する教育、指導、助言 (3) 課員にやる気を持たせるための指導、助言、働きかけ (4) 課員の能力を開発、向上させるための指導、助言、働きかけ	全員をよく把握し、理解 自主性を尊重し、常に適切 熱心に努力し、適時適切 熱心に努力し、適時適切	大部分は把握し、理解 おおむね適時、適切 ある程度努力し、ほぼ適切 ある程度努力し、ほぼ適切	一部のみ把握又は理解不足 しない、又は、不適切 しない、又は、不適切 しない、又は、不適切			
⑩ 施策提言意見具申	(1) 行政上の問題点についての認識 (2) 首脳会議・課長会議での意見、有益な発言の有無 (3) 行政上の問題点を解決するための自己の発案による改善策の提言 (4) 提言された改善案の内容	よく認識していた しばしばおこなった しばしばおこなった 優れていた	ある程度は認識していた 時々はおこなった 時々はおこなった 無難であった	あまり認識できなかった ほとんどおこなわなかった ほとんどおこなわなかった 劣っていた			
評価点合計							

※　評定者は、次の欄には記入しないこと。

所見等	第1次調整者		㊞
	第2次調整者		㊞

（注意事項）

1．この評定票は、黒インクのペンかボールペンを使用して記入すること。また、訂正、修正した個所には訂正印を押すこと。
2．観察結果に基づく判定は、「昇給昇格評定評価基準」で定めた判定基準によること。
3．評価点の欄には、次の判定区分により各評価点を記入すること。　A…10、　B…8、　C…6、　D…4、　E…2

Ａ君は「課長これどうしたもんでしょうか」と聞いてくる。「君の意見はないのか」と聞くと、「私の意見はこうであります」と答える。だが「こうしたらどうか」と言えば、「じゃあそうしましょう」と従順である。

Ｂ君は「課長、それはおかしいんじゃないですか」、「課長の意見ではありますが、ちょっと私には賛成できません。」と言うときがある。「可愛くない奴だ」となるじゃないですか。

役所は、「安定」を旨としてやっていますから現状維持的になります。誰がやってもそんなに差はないんですね。ですから、意向を伺いに来て、上司が困るようなことはしない人間が可愛いわけです。「ちょっと違うんじゃないですか」という職員は能力があっても、可愛い奴よりも評価を上に書くことはないわけです。中には公正な評価をする管理職もいます。しかし少数です。組織が秩序を保つには評価は必要です。主観判断になるからと評価制度を止めてしまうわけにはいかない。その評価が本来の軌道に乗るように改革しなければいけないということです。

終身雇用の公務員の実態は仕事は二の次、三の次です。世の中がよくなろうがよくなるまいが、そんなことは関係ない。重要なのは次の人事異動の時に昇進させてくれるかどうかである。それがすべてに優る価値だと思うようになる。それが実態です。女房から、「隣のなんとかさんは係長よ。あんたまだ係長になれないの」と言われたら、言わなくても思われたら立つ瀬がないわけであります。

しかしながら、仕事に喜びと充実感を感じる公務員の可能性を諦めるわけにはいかない。そのような職員の誕生を期待したい。そういう職員が誕生できる公務員制度にしたい。改革はそれを目指すべきである。そういうことではないでしょうか。

職業倫理変革に必要な「自治体理論」

そこで皆さん、ご一緒に考えてください。「これからの時代は意識改革が重要だ」とよく言います。では、その意識はどうすれば変わるのでしょうか。価値観の変革とか、職業倫理観が高まる意識改革というのはどういうプロセスで成り立つかを考えて下さい。ここが重要なところです。ご自身の生まれてこの方をふりかえり、あるいは尊敬できる人を思い起こして、人間の価値意識の変革とか、職業倫理観というものは、どのようにして変わるのかを考えてください。意識の変革は「リスクを覚悟して行動する」ことですね。しかしながら行動すると壁にとり囲まれる。気がついたら嫉妬心と悪口に囲まれています。もはや後ろへ下がるにも下がれないような場面を体験しながら苦しみながらも課題を解決した時、その人の心の内面に形成されるものがある。それがその人の価値観なんですね。人間の価値観は自分自身の内面に形成される。研修で話を聞いて変わるものではない。つらい切ない思いを乗り越えて自分自身の中にもたらされる。それが意識変革なんですね。

そう考えてみると、処遇を目の前にぶら下げて他人と処遇で格差がつくことに満足感を持たせて、しかし他方では、たえず上司の評価を気にする、そういう公務員制度で、現在、公務員が世間から非難を受けている問題が解決できるのであろうか、と考えていただきたい。人間は考える動物です。そこがパスカルの言う人間の素晴らしいところですね。自分自身を見つめて考える。その思考力をつけるには自治体理論が必要です。「統治の理論」から「自治の理論」への転換が必要です。この土曜講座が一貫してめざしているのは自治体理論です。

仕事を通して意識改革

意識改革は仕事を通して公共的な課題を解決することでもたらされる。自分の担当している仕事を解決することで視座が定まってくる。７０年代の後半に自主研究グループが雨後の竹の子のごとく出てきた。この動きを「自治体職員の政策水準の上昇」として二年前のブックレットに書きました。

高度成長で都市問題が激発し公害問題が噴き出しました。そして少子高齢化になり福祉の問題、環境、ゴミの問題、地球汚染問題や食品添加物の問題も出てきた。それらの公共課題を解決するために自治体は試行錯誤を繰り返しながら政策の開発をすすめてきた。ある時期は革新自治体であった。さらに市民運動を背景に、例えば、前回の講座の国立市の上原市長さんの報告のように試行錯誤を繰り返しながら「宅地開発指導要綱」「公害防止協定」「市民参加条例」「オンムズパーソン」などの制度を開発した。市民のレベルが上昇して優れた首長が当選する。それに対応して地方公務員が自分の職業に誇りを持つ自治体職員へと自己革新する。

土曜講座で仲間が増えて自治体職員としての職業観が育っている。８４年に横浜で第一回「自治体政策研究交流会議」を開催し、８７年に自治体学会を設立した。本年8月に函館で第１５回全国自治体研究大会が開かれた。９５年に北海道自治体学会、同じ年に北海道土曜講座が始まった。こうして、市民と協働しなければ地域社会の公共課題は解決できないことを経験的に学んだ行政職員が増えている。自治体職員の職業観の形成は単なる観念論ではないのです。前例のない公共課題は地域の方々と手をつながなければ解決できないことを体験しそれを理論化し自治体理論を身につける。そういう行政職員が増えているのです。

市民もまた、行政に要求を突き付ける抗議型から、街づくり型、自治参画型に変わった。そして、ＮＰＯのように公共的な問題を自分達で身銭を切ってでもやる動きになっている。最近は退職した元気な人が増えて公共活動に参画しています。自分の人生を充実させようという高齢の方が増えている。お上が威張っていた時代にはいなかった人物像が登場しているんですね。公務員制度の改革は、そういう流れを助長するものでなければならない。

Ⅳ　人事制度の改革

1　採用

民間歴ある人材の確保

人事制度の第一は採用制度です。現在は終身雇用を前提にしておりますから新規学卒者の採用が原則です。新規学卒にも優秀な人はいます。だがしかし人材の確保としてはいろんな経験のある人の方が良い。中途採用で民間歴のある人が行政水準を高めて活躍をしています。たとえば、自治体でスゴイ実績をあげている人に、「あなた最初から役場に入った人ですか」と訊ねます。「いや民間にいました」です。『やはりそうだ」といつも思います。自治体が有能な人材を採用したいのだったら、民間経験のある人を採用するのが賢いやり方です。ゼミの学生からはそんなことを方々で言われたら私達は就職難になると言いますが。

日本のＩＢＭは社員の半分は5年以上違った職業にいた人を採用しています。新規学卒の採用は半分だと言ってました。進んだ企業では採用試験で面接する時、受験生がどこの大学を出ているかは面接委員に分からないようにしています。その人間がしっかりした考え方ができるかどうかであって、なんとか大学卒だからいいなんて、そんなのは全然違いますよと言います。一方新規学卒は役所の悪習にすぐ染まってしまいます。「法律規則で仕事をしておりますので、そんな事をおっしゃいましても」となるんですね。

統治支配型の職場秩序に染まらない人材を採用する工夫をしなくてはなりません。公務員の職場には廊下も天井にも統治支配の慣習が染みついています。住民蔑視の観念が染み込んでいます。だから多少免疫性のある人間を採用しないと変わりません。この点からも公務外の経験のある人を採用するのがよいわけです。ところが、現在の採用制度は年齢は何才までです。これが壁になっています。

過日、室蘭での北海道地域文化選奨贈呈式の時、堀知事がお見えになった。その日の新聞の一面に「北海道庁が民間歴採用」「競争率は百倍」と出ていて選考委員の控室でその記事が話題になった。私が「だけど給料を同じにしませんとね」と言いましたら、「やってますよ」と知事が言うから、内心は本当かなと思った。年齢制限があって39歳までです。私は40歳の人が応募してきたとして、あるいは41歳の人が来て、面談してみると経歴も考え方もたぐいまれな人材だったとする。41才の人は60歳定年まで19年あるわけです。19年この人に働いてもらえば道庁でいい仕事ができると思ったときに、41歳だから駄目だでは勿体ない。年齢制限は不必要だと思いました。知事には言いませんでしたが。公務員は「終身雇用と年功序列」を前提にしているから採用時に年齢制限をするのです。年功序列にしないと職場秩序が乱れると考えるからでしょう。

採用時の給料額

中途採用の問題の第一は採用時の給料の額です。まずどういう職種であったかを職種換算表でこれは10割、これは8割だと換算します。さらに民間歴の18か月は公務員の12か月であると読むんですね。官尊民卑の考え方が根底にあるからでしょう。最初から役所に入っている人と後から入ってくる人とを同じにするわけにはいかないというわけです。ところが職場に入って仕事を始めれば民間経験のある人が仕事はできるわけです。ならばなぜ給料を同じにしないのかです。つまり「年齢制限」と「採用時の給料額」が問題です。そうはいっても人事の規則だからと人事課の人は答えます。「そう簡単に変えるわけにはいかない。これで長らくやってきたのだから」と言います。人事課の人は前向きで素晴らしいことをふだんは言います。しかし、具体的な制度の改革の話しになったら「総務省にも聞いてみなければ」となります。「全国的な人事制度だから」と言います。私は「総務省なんぞに聞くな」、「あんな駄目なところに聞くな」と思うのですが聞くんですね、責任逃れのために聞くのですね。ところが人事課の課長は研修では「これからは自分の判断で問題に対処していくような公務員になってほしい」と講話します。

等級格付

中途採用問題の三つ目は格付けです。どの等級に格付けするかです。これも規則で細かく決めである。「その内規を改正したら」と言うと、「そんな事まで改正したら人事課の存立根拠がなくなる」となるんですね。人事制度改革の抵抗勢力は人事制度を担当している人事課なんです。

外国人採用問題

外国人採用の問題もあります。日本の国籍がなくても住民税も払っているのです。異文化を知っているから人材として良いわけです。国際化は地域の現実になっています。地域に外国の人が住み始めています。どうして日本国籍じゃないから駄目なのかです。

８０年代に神奈川県で自主研究グループが「神奈川の韓国朝鮮人の研究」報告で「国籍は外国人であっても住民票もあり、住民税も払っているのだから、公務員試験は同じように受けて、能力があれば同じ採点基準で合格にする」と提言した。当時の長洲知事は「それはいいね」ということになった。ところがIという頭文字の人事課長が自治省に問い合わせをした。首都圏に近い神奈川県がそういう制度にされては困るから、「問題がありますよ」、「例えば将来管理職昇格という時期になったら、福祉事務所の所長には日本国籍が法律に書いてあるから、そういう時に差別問題が起きたら困るから止めた方がいい」と言われた。何も外国人の人を福祉事務所の所長にしなければならないことはない。書いてない職種はいっぱいあるのだから。子供騙しもいいところでしょう。つまり、「やめとけ」ということなんですね。その人事課長は「知事さんそうおっしゃいましても公務員制度の大枠がありまして、自治省にも問い合わせてみましたが、簡単に外国籍の人を県の職員に採用試験を受けさせて採用するわけにはいかないんですよ」と言って壊れてしまいました。

ところがその課長は職員研修の講師に行ってですね、「地方の時代における行政職員の在り方」という講義をしてます。「外国人を採用するになんの問題があるか」との考え方がなくて「何が自治・分権だ」です。そんなことも踏み出せない人が人事課長ですから人事制度の改革はとてもできません。

この会場にいる町職員の方から先日聞いたことですが、その町は係長職3人を全国に公開募集した。ホームページでインターネットに載せたんです。3人を採用するのに200人を超える応募があった。時間をかけて粒よりの人を選び採用しました。今、係長として働いています。関西の著名な会社を辞めて北海道で公共の仕事をやってみたいという人が含まれています。今は優秀な人材を採用するチャンスじゃないですか。ですから新規学卒は全部民間に回してですね、公務外の経験者や外国籍の人も入れる。そういうことを考えていいんじゃないですか。

2　異動

制度改革の第二は人事異動です。定期異動は3年で長くても5年。市民や団体の方からは、交替するのは困ると言います。役所は人事異動をし過ぎる。やっと我々の言葉がわかって理解するようになって、話が通じるようになったら異動になる。私達が公務員を育てているようなもんだからと苦情があります。「そうです。育てていただくために交代するんですよ」と言ってですね。行政職員長いとゆ着、マンネリ、停滞になる。異動で新しい仕事にチャレンジすることになる。行政職員の目が広がるんです。しかしどこかの自治体がやっているような管理職を2年単位で次々と異動させるのは問題です。

人事異動の問題の一つは女性職員を平等に異動させることです。ある町では16年間同じ仕事をさせている。本人は何度も異動の申請をだしたが替えてくれない。女性職員は広報担当でお終いだと言ったりしています。女性もダンプを運転している時代です。女性職員を差別なく異動させることです。役所は「男女平等参画社会の推進」などと言っています。言ってることとやってることが違うわけです。男性と同じように能力開発の機会を保障する。人事異動というのは能力が開花するチャンスです。異動が能力を高めるんですね。研修所で研修を受けるよりも人事異動で能力は伸びるんですね。それと、昔は土木一家とか言ってました。福祉とか税務も職務に精通する必要があると言って同じ顔ぶれでした。教育委員会は委員会事務局内だけで人事異動していた。だから教育委員会は上から下まで文部省に服従し文部省の意のままになっているんですね。

部長が異動したら玉突き人事になるのも問題です。どうしてそうなるのかというと、ここの課長とこっちの課長はこっちの方が格が上だからと一つづつ動くことになるからです。人事課で勝手に格を決めてあるのです。ワープロで文字削除をやったらすーっと全部動きますね。そういう人事異動を玉突き人事という。ごく最近のことですが人事担当の人にこれを言ったら、そうはいってもやむを得ないのですと言うんですね。このポストよりこっちが格が下であってもそこで3年経ったら上へあげればいいのです。人事課が勝手に格を擬制して庁内序列をつくっているのです。人事権の妙味を味わっているんです。あまり言うと反感を買いますから優しく言わなくてはいけませんね。

3　評価

双方向評価制度の導入

次は評価の問題です。能力と業績の評価は必要でありますが、現在の職場秩序は上下の一方的秩序です。部長と課長、課長と係長というのは、職務上の職階制なのに、終身雇用であるために、人事が最大の価値になって公務員職場は人間的服従の上下秩序になっています。そうではあっても上司が部下を評価する制度を廃止するわけにはいかない。部課長には職員管理の責任がある。評価が主観的になってもそれは別の形で是正しなければならないでしょう。

そこで、双方向評価制度を導入するのがよいと思います。課員が課長を評価する制度を取り入れる。それを以下申し上げます。

職員が管理職を評価する制度には次のような反対論が予想されます。管理職の権威が損なわれる。下克上だ。そもそも部下が上司を評価するとはなにごとだ。職場の秩序が乱れる。今まで手厳しく部下職員の怠けや意欲不足に、言葉はきついけれどもしかし暖かい思いやりやフォローがあって職員を指導していた管理職が部下から評価されるとなると、ちょっと後ろへ下がるのではないか、管理職が部下の人気取りになったりしやせんかという反対論が予想されます。

双方向評価制度の導入に管理職の多くは賛成しません。函館での自治体学会のときに十人をこえる管理職の人に、「あなたはどう思うか」と聞いたら、「やめといてもらいたい」、「嫌だね」と言いました。管理職の人は当事者だから賛成しないのは、それはまあそうでしょう。問題は人事課です。人事課も賛成しないのですね。人事課の人にも聞いてみました。不賛成です。人事課の発想はいつも地方公務員法にそのような規定があるかないかです。そこから考えるんですね。公務員法が予想している制度の趣旨に反さないかと発想するわけです。公務員法自体を根本的に変えなくてはいけないのではないかと言ったら、そんな言い方では話にならないと、こうなるんですね。

「地方公務員法が予定していない制度を採用することには慎重でなければならない」と言います

が、本当の理由は別のところにあると思います。人事管理の秩序を崩してしまうことにならないかという不安です。人事課は現在の人事制度に確固とした自信を持っているわけではないのです。人事制度には虚構の部分が存在することを薄々感じているのです、人事課の人は。虚構の上に人事システムが成り立っているから、人事制度そのものについて議論することは認めないとしておかないと、現在の人事システムが維持できなくなってしまう。そのことを薄々ながら感じているので双方向評価制度に不賛成なのです。私にはそのように見えます。

複数の目で評価

しかしながら、公務員の職場秩序に活気を取り戻すには双方向評価は有用です。課長は課員を評価する。課員も課長を評価する。双方向評価を導入したことで、厳しく職員を統率・指導できなくなった管理職や、部下の人気取りをするようになった管理職には、職員は低い点を付けると思います。課員は課長を興味半分で評価するのではないのです。管理し指導し束ねられている当の職員が課長の管理能力を評価するのです。管理職として的確な判断力があるか、職場を公正に統率しているか、公平に指導力を発揮しているか、職務権限の私物化はないか、責任回避はないか、責任感を持っているかという管理能力を職員が評価するのです。しかも多数の目で評価するのです。匿名ではないのです。自分の名前を書いて管理職の管理能力を評価するのです。

課長を評価するのはさらに上の役職です。一方通行の統治秩序です。課長の能力評価は次長と部長です。ところが課長がその次長や部長に接触するときの態度や物腰を見るだけでは管理能力は評価できません。管理能力に問題のある管理職ほど次長や部長に気をつかいます。職員が多数の目で評価した評価書が第一級の管理職の管理能力の評定書です。中には江戸の敵を長崎でと感情的に評価しても、それは判かります。多数の評価書が出てくるわけですから、自分以外の人はこの人はいいと書いているのに、自分だけ否定的に書いた時には今度は自分の評価になります。評価というのは評価する人自体の評価になるわけです。

管理職の部下の評価は適正だけれども、課員が課長の管理能力を評価するのは信用おけないとなりますか。多数の目で管理能力をみるのです。一番適正だと考えていいのではないか。これによって、長らく上から下への一方通行の統治支配型の職場秩序が良い方向に改まります。双方向評価を導入することで管理職の管理を公正にするということにもなります。そう考えるべきではないでしょうか。

Ⅴ　人事政策への市民参加

1　職場秩序を支配型から参加型へ

現在、双方向評価制度が行われていないのは職場秩序を統治支配型にして統治行政をすすめるためです。分権型社会では職場秩序を自治参加型にして自治行政に転換しなくてはならないのです。役場も市役所も住民から不信を買うのではなくて住民から信頼されるような行政に改革をするのが主題です。自治参加型の職場秩序にしなければならない。現在の職場秩序は上司が常に公正で聡明で部下は上司に指導されるものであるとされています。

「牧民の思想」とは、民は牧場の羊や馬と同じだという思想です。国民はいわば牧場にいる牛や羊のようなものであって、エリート官僚がよき方向に導いてやらないと駄目になってしまうというのが内務官僚の思想です。牧民観の思想です。長らく自治体も上から下への支配型の職場秩序でやってきたわけです。それを変えるのが人事政策の改革です。IBMでは管理職は360度評価だそうです。お客さんからも上司からも部下職員からも管理職は360度の方向から評価されてボーナスの額に差が出ると言ってました。民間は工夫をしながらやっております。私が管理職は組織活性化を阻む諸悪の根源だと言ったら、ある人から年功序列で上がった管理職が諸悪の根源だと捕足して言わないと誤解される。管理職の中にもいいのもいるんだからと言われました。今度はそういう言い方にしようと思っています。

「組織の活性化を阻んでいる諸悪の根源は年功序列で管理職になった管理職である」と。この言い方は私がたびたび言っているので聞いた人もいらっしゃるでしょうが、実は民間の経営者が言ったんですね。経営者としてどういうことをやってきたかの具体的な話をなさった後に、以上のような経験に基づいて申し上げますならば、民間企業は、職場が生き生きしていないと倒産します。シェアをとられて企業は潰れてしまいます。企業は組織が生き生きしていなくてはならない。組織停滞の諸悪の根源は職場の管理職です。だが組織はピラミッド型でマネージメントをする人が必要です。そこでどうやって活性化させるかが重要なのです。そう言っておりました。

管理職の不作為責任

行政というのは現在を未来に向かっていかに展開するかの営みです。福祉であろうと環境であろうと教育であろうと、障がいを除去しいい方向にもっていくのが行政です。行政は積極的能動的な現状変革の営みです。

行政の本来の在り方は何かをする作為です。ですから何もしないという不作為が行政責任です。何もしないで現状維持でいるのは行政の責任を果たしていないということです。やるべきにもかかわらず何もしなかった不作為責任が問われるべきなんですね。

ところが、その何もしなかった責任を追及するには、「やればこういう事態にならなかった」、あるいは「こういういい状態が出来上がった」「にもかかわらず、何もやらなかったからこうなった」という比較できる証が必要です。けれども、現実には作為した結果がそこにない、何もしないから結果がない。比較ができないから行政責任が問いにくいわけです。

そこでそれを逆手に取って職場の管理職はこうなるわけです。何かをすれば失敗する場合もある。100発100中成功するわけではない。すべからく不確定要素がある。旨くいく場合もあるが失敗することもある。リスクを覚悟して行動することが世の中の進歩発展なのですが、管理職は成功することよりも失敗しないことを選択して現状維持でいきたい。だから、何もしない職員の方が安心していられる。もしかしたら失敗するかもしれない能動的な行政職員は歓迎しないわけです。つまり、管理職の行政責任は万が一の失敗です。そんなことをやったからこういうことになったということを行政の責任と考える。つまり、自己の責任を避けることを第一義にするわけです。

しかしながら、本来はやるべきにもかかわらず何もしなかったことが行政の責任です。「失敗しない方がいいけれども、万が一のときは責任を取ってやるからやってごらん」これが望ましい管理職です。だが、そのような管理職はきわめて少ない。そういうメカニズムの上に管理職の職員評価制度があるということを申しておきたい。

昇任・昇格問題

次は、昇格制度の問題です。これからはポストも仕事も機構も縮小しなくてはなりません。係長や課長のポストは減るわけです。かつてはポストが増えましたから係長や課長補佐や課長への昇格を処遇としてやれた。頑張った結果には、昇任が報償としてあった。それで職場の秩序が維持できたわけです。しかしできなくなりました。信長だったら与える領地がなければ「茶の湯」を認めてごまかせるけれどもです。

それでは昇格・昇任に代替する処遇は何かです。これからの人事政策は自分の仕事に喜びを感じることのできる職場秩序を作ることです。ポストレスの時代ですから待った無しの事態です。目指すべき方向は仕事に充実感を感じることのできる職場秩序をいかにしてつくるかです。その方向を人事政策として考えなければならない。

職場に活力を持ち込む問題として外部からの人材登用があります。先ほど申し上げた採用と同じことですが、外からの登用です。外部から教育長を募集した三春町ですね。助役を公募した北陸の都市もあります。係長の外部登用は先ほど紹介しました。課長も実例が多くあります。管理職を外に公開募集して任せる時代に入っています。年功昇格は別に考えなくてはいけません。

昇格のもう一つの問題は立候補制です。「あの課長をやってみたい」は兵庫県がやりました。埼玉県は三つの課長職をやったことがある。このポストをやりたいという自己申告制度です。「なぜこのポストをやってみたいのか」「そこにはどういう問題があるのか」「どういう方法でそれを解決打開するか」を書いたものを出させる。そして複数の人でどういうふうにそれをやるかを面談する。いけそうじゃないかとなると、やらせる。

その時に必要なのは、応援する仕組みを作ることだと思います。人材を発掘するのですから、自己申告昇格制度をやる以上はそれを軌道に乗せるために「応援する制度」をつくる。それではよすぎるじゃないのとの声には、君も手を上げればいいじゃないかというふうにしたらよいと思います。

この前、兵庫県に行って自己申告制度を聞いたら、課長補佐に手を上げるには課長補佐になる係長の年限が必要だそうです。課長になるには課長になる年限に達した人に絞っているとのことです。しかし、それではどうかなと思います。

私の考えは等級格付け基準でそこまで行ってない人でも立候補して構わないにする。AさんとBさんが手を上げて面接して能力が同じに思えたときは、Aさんが職場経歴が長いのでAさんにする。同じ能力だったらそれでいいと思います。だが、基準はできるだけ緩やかにして人材発掘をめざす。自ら申し出る人材登用制度を創設するのがよいと思います。

課長には何々君がいいじゃないかという上司が推薦する制度をただちに止めることができなければ並列して自己申告の人材登用制度をつくる。活気が生まれてくると思います。

2　人事停滞の原因

次に、人事停滞の原因は何かを考えてみましょう。

その第一は省庁からの天下り人事をただちに止めることです。府県の課長に、国家公務員上級試験というテストを受かっただけの２０代の未熟な若者を受け入れるのが今も続いています。これでは職員が育たない。市町村も都道府県からの天下り人事はお断りにする。これに対してそれは誤解だと言う人がいるかもしれません。都道府県は省庁に、市町村は都道府県庁に、人材を派遣してくれませんかと要請しているのですと言うかもしれない。押しつけでも天下りでもないんですと言うんですね。

形式的にはそうかもしれない。しかし、実態は天下り人事であり、部・課長職の占拠です。将来を見すえてどう改めるかです。

自己申告降任制度

北海道ではやっています。道庁ではありません。北海道内の町村です。東京のある区では課長の昇任試験をやっているが、最近は課長試験を受けない職員が多くなった。試験を受けないものだから課長が足らなくなって隣の区から課長になった人を借りてきているとのことです。

理由は何ですかと訊ねたら、「それまでは課長にも残業手当てが出ていたけれど、課長になったら管理職手当だけ」。「それが理由ですか」と私は思います。

学校にもあるんです。教頭になりたくない人が増えている。文部省や教育委員会の指示に従わなくてはならないからです。文部省のあの最低の指示に従うか、職員と仲良くしていくのか、教頭になった人が哀れをとどめているのを眺めると、あんなものやりたくないということです。

全国的に教頭になり手がなくなってきている。出世志向の人は府県の教委にペコペコしているその校長にペコペコして教頭になっている。しかし、そういう人が教頭になっていいはずがない。なりたくないという人こそ教頭になってほしい。なりたくて仕様がない人は、たいていは教員仲間では評判はよくないんじゃないですか。

自己申告降任制度を考える。例えば、ストレスがたまって管理職を辞めたいと思っている。だが外聞がある。自己申告制度をつくれば、制度なんだからと外聞を気にしないで言い出せる。最近体調が良くない内臓がどうもおかしいという人もいるわけです。神経症状で夜眠れない。人には言えないけれど薬でやっと毎日生きている管理職もいるわけです。

降任して自分に合った職責で仕事をつづけたいわけです。これは人権問題だとも言えるわけです。統治支配型の職場秩序を乱すわけにはいかないなどと言って降任を認めないのは不合理です。そういう問題が今増えているのです。

昇格制度との関連で別の問題もあります。例えば、ある課長は若い時に課長になった。その上の職位がないからいくつもの課長の横すべり異動をくりかえしている。特別職には町長が嫌だからやらない。何年も課長をやっていて定年までまだ5年もある。下にいる人は課長になれない。たまったものじゃない。そういう問題があります。そういう人をどうするかという問題です。

その人を一概に悪くは言えない。けれども、新しい時代感覚に対応できなくなっている。経験があるから発言力は大きい。だが伝統的な考え方である。弁は立つ。だが時代感覚がズレている。困るわけです。どうするか。「監事」というような職位をつくる。民間のように「窓際」にするんじゃなくて二つか三つの課を束ねて、経験豊かであるので毎日外へ出て町の人と話をする。行政の事業や制度と地域の人々との間に誤差があるかを自分の目で見て聞いて改革案を出してもらう。

課長をいくつも体験なさったあなた以外にはこの仕事はできませんからと就任を説得する。「議会報告」の人事にして格を付ける。課長の滞貨一掃と言えば問題があり過ぎですが、そういうことも考えなければならない。一度昇格すると降格がないという現在の制度ではどうにも動きがつかない。そのような人事制度を創設するときは省庁に問い合わせをしない。自治の制度なのだから上級官庁ではないのです。

法律による全国一律の人事制度でなくて実態に合わせて自治の人事制度をつくるのです。

3 人事政策評議会

改革案は人事課からは出てこない

統治型の職場秩序を改革することが眼目です。市民社会から隔絶した価値観で運用されている公務員職場の秩序を改革するのです。行政内部を自治型の職場秩序に切り換えるには、思い切った改革でなければ実現できない。その改革案は大きな市と小さな町村とでは分けて考えなければいけないでしょうが、改革しなければなりません。

そこでまず、内部からは改革案は出てこないということです。人事課に改革案を考えてみろといっても出てきません。首長が座長になって人事政策を考える評議会をつくるのです。見識のある方に協力を求める。非常勤で1年2年じゃなくて継続的に人事政策評議会に入っていただく。これは法律に定めてある人事委員会とは別のものです。首長の人事権を補佐する制度です。首長が座長になって実態に合った独自の人事制度と運用を考え出す。例えば「採用の面接」は外部の人に委嘱する。これまでは町長と助役と総務課長がやっていた。外部の人に面接を委せるところが増えているのです。「このような人物に役場に入ってもらいたい」という判断は外部の人の目の方が確かです。「公務外経験者を採用する」ときに、人事課が法の規定があるのでできませんと言ったら、人事政策評議会でこうやればできると考えるのです。人事課は柔軟に大胆に考えることができないのです。町長の責任で人事政策評議会で考えて制度改革に踏み出す。

自治というのは制度も運営もまちまちということです。自治省に問い合わせなきゃいけないんじゃないかとか、公務員制度が予想していないからできないではなくて、自治制度ですから人事制度を町をよくするために改革するのです。「人事異動」についても改革する。しかし、これはなかなか難しい。人事異動は政策評議会に事前に協議しない方がいい。ただし人事異動についてトラブルや不満が起きた場合は人事政策評議会に細かく報告する。

私は方々へ行くたびに聞きます。ある町は町長と人事担当で人事異動を決めている。ある町は課長の意見を大幅に取り入れている。首長は遠慮している。ある町は町長の独断で決めている。いろいろです。ですが、ある程度の規模以上になると、人事課が自治省指導のやり方でやっている。でありますから人事異動が評議会に事後的にでも報告されることになると揣摩臆測がなくなります。親戚の人だからどうだということをなくすためにも事後には報告した方がいいと思います。

「人事異動」に人事政策評議会がどういう役割を果たしていくかは今後の発展を待って考えればよいと思います。「人事評価」については双方向評価の導入を人事政策評議会で議論して、首長が決断する。「自己申告昇格」も「外部からの人材公募」も、「自己申告降任制度」も人事政策評議会で協議したらいいと思うのです。現在のような人事課が提案して助役と首長が決裁をする方式では新しい人事制度は創設できません。人材交流や人材のレンタル制も考えなくてはなりません。人事政策協議会で違った職域の人をレンタルすることも考えていいと思うのですね。

首長人事権と人事政策評議会

そのとき、首長が心配するのは、首長の人事権を空け渡すことにならないかとの心配です。選挙のお返しもしなきゃならん。人事制度の創設・改革・運用を人事政策協議会に相談するのは首長の人事権を丸裸にすることにはならないかの不安です。人事は首長の専権だ。人事を独裁的にやってこそ首長だと言う人もいるでしょう。しかし、そういう小さいことを言わないで日本の自治制度のページを切り開くと考えていただきたい。

東京・多摩の自治体職員の研究会で「職員は備品で首長や議員は消耗品だ」と言ったことがあります。備品というのは長くいるというだけのことでなくて、市民自治的でない首長がきてもしっかりしていこうという意味で言ったのでしょう。つまり職員の職業倫理観を確認した言葉だったのです。

首長も新しい自治の1ページを開くために、人事権を握っていたいという権力的欲求があっても、人事政策評議会を設けてそこに権限を委ねる。しかし、自分が座長ですから手ばなしたわけではない。公務員の終身雇用制度の見直しもここで考える。

公務員の任期は10年にする。首長や議員は4年です。参議院は6年。公務員は10年でどうでしょう。勿論全員が10年で辞めるのではない。ほとんどは継続です。だが制度的には契約更改にする。その契約更改の事務は人事課がやってもいいが、判断は人事政策評議会がする。そしてさらに、市民を公募して契約更改が問題なく行われているかについて意見を述べ議論をする公開の市民委員会を設ける。

過渡的には、正しいことを言った公務員をやっつけるような声が出てくることもあるでしょう。しかしそれは人事政策評議会で当の公務員の意見も聞いて、言っている住民が一面的で自己利益で言っているのであれば、聞かなければいいんですね。しかしながら不正不当なことをやって、指摘がないことをいいことに職務権限を私物化する公務員は雇用契約の更改はしない。そういうコトがあり得るという制度が必要です。

ある国会議員のように平然と言わなかったと断言する立ち回りの旨い人が公務員にもいますから、そういう人は人事政策評議会で「あなたは10年たったので自分の職業をお探しになったらどうですか」と契約更改はしない。そういう制度があることが公務員を正常にする。どちらを向いて仕事をしているのかというのが現在の最大の公務員問題です。それを変えなくてはいけない。誰からもチェックを受けないので口先だけで旨いことを言っているどうしようもない公務員が現に多数います。不信感を持つしかないような場面を目撃します。これを変革して自治の行政機構にしなければなりません。当然のことだと思っていた終身雇用制度を改めて10年刻みにする。9割以上は更改でいくのだけれども。

更改すれば年金などは同じにする。公務員にも任期があるということが公務員の独善をチェックすることに働くのではないかと思います。

これで終わりますが、岩波講座「自治体の構想」(全五巻)の第三巻「機構」に「自治体の人事政策と研修」を書きました。参照していただければ幸いです。

(本稿は、二〇〇一年十月二〇日、北海道大学工学研究科・工学部「B21大講義室」で開催された地方自治土曜講座での講義記録に一部補筆したものです。)

著者紹介

森　啓（もり・けい）

北海学園大学法学部教授

徳島県に生まれる。

中央大学法学部法律学科卒業後、神奈川県庁に入庁。文化室主幹、自治総合研究センター研究部長、埋蔵文化財センター所長などを歴任。神奈川大学法学部非常勤講師として8年間、地方自治論を担当。

九三年に北海道大学法学部教授（公共政策）に就任。九八年から現職（自治体政策学）。

主な著書

「文化行政とまちづくり」（一九八三年、時事通信社・共編著）、「文化ホールがまちをつくる」（一九九一年、学陽書房・編著）、「自治体の政策研究」（一九九二年、公人の友社）など。

刊行のことば

「時代の転換期には学習熱が大いに高まる」といわれています。今から百年前、自由民権運動の時代、福島県の石陽館など全国各地にいわゆる学習結社がつくられ、国会開設運動へと向かう時代の大きな流れを形成しました。学習を通じて若者が既成のものの考え方やパラダイムを疑い、革新することで時代の転換が進んだのです。

そして今、全国各地の地域、自治体で、心の奥深いところから、何か勉強しなければならない、勉強する必要があるという意識が高まってきています。

北海道の百八十の町村、過疎が非常に進行していく町村の方々が、とかく絶望的になりがちな中で、自分たちの未来を見据えて、自分たちの町をどうつくり上げていくかを学ぼうと、この「地方自治土曜講座」を企画いたしました。

この講座は、当初の予想を大幅に超える三百数十名の自治体職員等が参加するという、学習への熱気の中で開かれています。この企画が自治体職員の心にこだまし、これだけの参加になった。これは、事件ではないか、時代の大きな改革の兆しが現実となりはじめた象徴的な出来事ではないかと思われます。

現在の日本国憲法は、自治体をローカル・ガバメントと規定しています。しかし、この五十年間、明治の時代と同じように行政システムや財政の流れは、中央に権力、権限を集中し、都道府県を通じて地方を支配、指導するという流れが続いておりました。まさに「憲法は変われど、行政の流れ変わらず」でした。しかし、今、時代は大きく転換しつつあります。そして時代転換を支える新しい理論、新しい「政府」概念、従来の中央、地方に替わる新しい政府間関係理論の構築が求められています。

この講座は知識を講師から習得する場ではありません。ものの見方、考え方を自分なりに受け止めてもらう。そして是非、自分自身で地域再生の自治体理論を獲得していただく、そのような機会になれば大変有り難いと思っています。

「地方自治土曜講座」実行委員長
北海道大学法学部教授　森　啓

（一九九五年六月三日「地方自治土曜講座」開講挨拶より）

地方自治土曜講座ブックレットNo. ８０
自治体人事政策の改革

２００２年3月１０日　初版発行　　　定価（本体８００円＋税）

著　者　　森　　啓
企　画　　北海道町村会企画調査部
発行人　　武内　英晴
発行所　　公人の友社
〒112-0002　東京都文京区小石川５－２６－８
ＴＥＬ０３－３８１１－５７０１
ＦＡＸ０３－３８１１－５７９５
振替　００１４０－９－３７７７３

「地方自治土曜講座ブックレット」（平成7年度～12年度）

	書名	著者	本体価格
	《平成7年度》		
1	現代自治の条件と課題	神原　勝	九〇〇円
2	自治体の政策研究	森　啓	六〇〇円
3	現代政治と地方分権	山口二郎	（品切れ）
4	行政手続と市民参加	畠山武道	（品切れ）
5	成熟型社会の地方自治像	間島正秀	五〇〇円
6	自治体法務とは何か	木佐茂男	六〇〇円
7	自治と参加　アメリカの事例から	佐藤克廣	（品切れ）
8	政策開発の現場から	小林勝彦 大石和也 川村喜芳	（品切れ）
	《平成8年度》		
9	まちづくり・国づくり	五十嵐広三 西尾六七	五〇〇円
10	自治体デモクラシーと政策形成	山口二郎	五〇〇円
11	自治体理論とは何か	森　啓	六〇〇円
12	池田サマーセミナーから	間島正秀 福士　明 田口　晃	五〇〇円
13	憲法と地方自治	中村睦男 佐藤克廣	五〇〇円
14	まちづくりの現場から	斎藤外一 宮嶋　望	五〇〇円
15	環境問題と当事者	畠山武道 相内俊一	五〇〇円
16	情報化時代とまちづくり	千葉　純 笹谷幸一	（品切れ）
17	市民自治の制度開発	神原　勝	五〇〇円
	《平成9年度》		
18	行政の文化化	森　啓	六〇〇円
19	政策法学と条例	阿倍泰隆	六〇〇円
20	政策法務と自治体	岡田行雄	六〇〇円
21	分権時代の自治体経営	北　良治 佐藤克廣 大久保尚孝	六〇〇円
22	地方分権推進委員会勧告とこれからの地方自治	西尾　勝	五〇〇円
23	産業廃棄物と法	畠山武道	六〇〇円
25	自治体の施策原価と事業別予算	小口進一	六〇〇円
26	地方分権と地方財政	横山純一	六〇〇円
27	比較してみる地方自治	田口　晃 山口二郎	六〇〇円

「地方自治土曜講座ブックレット」（平成7年度～12年度）

《平成10年度》

	書名	著者	本体価格
28	議会改革とまちづくり	森　啓	四〇〇円
29	自治の課題とこれから	逢坂誠二	四〇〇円
30	内発的発展による地域産業の振興	保母武彦	六〇〇円
31	地域の産業をどう育てるか	金井一頼	六〇〇円
32	金融改革と地方自治体	宮脇　淳	六〇〇円
33	ローカルデモクラシーの統治能力	山口二郎	四〇〇円
34	政策立案過程への「戦略計画」手法の導入	佐藤克廣	五〇〇円
35	’98サマーセミナーから「変革の時」の自治を考える	神原昭子 磯田憲一 大和田建太郎	六〇〇円
36	地方自治のシステム改革	辻山幸宣	四〇〇円
37	分権時代の政策法務	礒崎初仁	六〇〇円
38	地方分権と法解釈の自治	兼子　仁	四〇〇円
39	市民的自治思想の基礎	今井弘道	五〇〇円
40	自治基本条例への展望	辻道雅宣	五〇〇円
41	少子高齢社会と自治体の福祉法務	加藤良重	四〇〇円

《平成11年度》

	書名	著者	本体価格
42	改革の主体は現場にあり	山田孝夫	九〇〇円
43	自治と分権の政治学	鳴海正泰	一、一〇〇円
44	公共政策と住民参加	宮本憲一	一、一〇〇円
45	農業を基軸としたまちづくり	小林康雄	八〇〇円
46	これからの北海道農業とまちづくり	篠田久雄	八〇〇円
47	自治の中に自治を求めて	佐藤　守	一、〇〇〇円
48	介護保険は何を変えるのか	池田省三	一、一〇〇円
49	介護保険と広域連合	大西幸雄	一、〇〇〇円
50	自治体職員の政策水準	森　啓	一、一〇〇円
51	分権型社会と条例づくり	篠原　一	一、〇〇〇円
52	自治体における政策評価の課題	佐藤克廣	一、〇〇〇円
53	小さな町の議員と自治体	室崎正之	九〇〇円
54	地方自治を実現するために法が果たすべきこと	木佐茂男	［未刊］
55	改正地方自治法とアカウンタビリティ	鈴木庸夫	一、二〇〇円
56	財政運営と公会計制度	宮脇　淳	一、一〇〇円
57	自治体職員の意識改革を如何にして進めるか	林　嘉男	一、〇〇〇円

「地方自治土曜講座ブックレット」（平成７年度～12年度）

	書名	著者	本体価格
	《平成12年度》		
58	北海道の地域特性と 道州制の展望	神原　勝	［未刊］
59	環境自治体とＩＳＯ	畠山　武道	七〇〇円
60	転型期自治体の発想と手法	松下　圭一	九〇〇円
61	分権の可能性 —スコットランドと北海道	山口　二郎	六〇〇円
62	機能重視型政策の 分析過程と財務情報	宮脇　淳	八〇〇円
63	自治体の広域連携	佐藤　克廣	九〇〇円
64	分権時代における地域経営	見野　全	七〇〇円
65	町村合併は住民自治の 区域の変更である。	森　啓	八〇〇円
66	自治体学のすすめ	田村　明	九〇〇円
67	市民・行政・議会の パートナーシップを目指して	松山　哲男	七〇〇円
68	アメリカン・デモクラシーと 地方分権	古矢　旬	［未刊］
69	新地方自治法と自治体の自立	井川　博	九〇〇円
70	分権型社会の地方財政	神野　直彦	一、〇〇〇円
71	自然と共生した町づくり 宮崎県・綾町	森山喜代香	七〇〇円
72	情報共有と自治体改革 ニセコ町からの報告	片山　健也	一、〇〇〇円